Meditation

108 Zitate von Amma

Meditation – 108 Zitate von Amma

Veröffentlicht von:
   Mata Amritanandamayi Center
   P.O. Box 613
   San Ramon, CA 94583
   Vereinigte Staaten

--------- 108 Quotes on Meditation (German) ----------

Copyright 2020 © Mata Amritanandamayi Mission Trust, Amritapuri, Indien

Alle Rechte vorbehalten. Kein Teil dieses Buches darf ohne schriftliche Erlaubnis des Herausgebers reproduziert, in einem Datenspeichersystem gespeichert oder auf irgendeine Weise wiedergegeben werden oder in eine andere Sprache übersetzt werden.

International: www.amma.org
             inform@amritapuri.org
In Deutschland: www.amma.de
In der Schweiz: www.amma-schweiz.ch

Im vorliegenden Buch möchten wir so nahe wie möglich an den ursprünglichen spirituellen Lehren bleiben. Dafür wird, sofern möglich, eine sprachlich etablierte geschlechtsneutrale Formulierung genutzt. Wo dies nicht der Fall ist, wird zur besseren Verständlichkeit das generische Maskulinum verwendet. Auch in diesem Fall sind jedoch Personen mit allen, inkl. non-binären, Geschlechtsidentitäten immer ausdrücklich mitgemeint und angesprochen.

1

Meditation ist so wertvoll wie Gold, sie führt zu materiellem Wohlstand, innerem Frieden und Befreiung. Selbst ein kurzer Moment, den du in Meditation verbringst, ist nie vergeblich und von großem Wert.

2

Wenn du zusätzlich zu deiner Meditationspraxis auch noch Mitgefühl hast, ist dies wie Gold, das wunderbar duftet! Meditation befähigt dich dazu, dein Herz mit Mitgefühl zu füllen.

3

Den Mind auf einen Punkt auszurichten, ist die Essenz aller spirituellen Übungen. Eine der besten Methoden dafür ist Meditation.

4

Mein Kind, wenn du dich zum Meditieren hinsetzt, glaube nicht, dass du den Mind sofort beruhigen kannst. Als Erstes solltest du alle Teile deines Körpers entspannen. Lockere deine Kleidung, falls sie zu eng ist. Achte darauf, dass deine Wirbelsäule aufrecht ist. Dann schließe deine Augen und konzentriere dich auf den Atem.

5

Beginne zu meditieren, indem du dich auf die Form deiner geliebten Gottheit konzentrierst oder auf das Formlose, zum Beispiel auf die Flamme einer Kerze. Wenn der Mind umherwandert, bringe ihn wieder zurück. Falls du das nicht schaffst, beobachte einfach, wohin er abschweift. Der Mind sollte unter Beobachtung stehen. Dann wird er aufhören umherzuwandern und du kannst ihn kontrollieren.

6

Sitze und betrachte die Form deiner geliebten Gottheit für zwei Minuten. Schließe nun die Augen und visualisiere die Form dieser Gottheit in deinem Herzen. Meditiere, indem du den Mind entweder auf den Punkt zwischen den Augenbrauen oder auf dein Herz konzentrierst. Immer dann, wenn die Form undeutlich wird, schaue wieder auf das Bild. Obwohl das Bild aus Papier und Tinte besteht, stelle dir vor, dass es mit Bewusstsein erfüllt ist. Du kannst das Wirkliche nur durch das Unwirkliche erreichen. Weil du so in das Unwirkliche vertieft bist, vergisst du das Wirkliche. Ein Bild kann dich an das Wirkliche erinnern.

7

Anfangs musst du dich sehr bemühen, bei der Meditation auf die geliebte Gottheit konzentriert zu bleiben. Am Anfang schaffst du es vielleicht nicht, dir die ganze Form vorzustellen. Auch dann solltest du nicht deprimiert sein, sondern weiterhin versuchen, dir zunächst einmal nur die Füße der Gottheit vorzustellen. Mit der Zeit wirst du in der Lage sein, die gesamte Form zu visualisieren. Durch die Kraft ausdauernder Übung wird die Form immer klarer werden.

8

In den Anfangsphasen reichen 10 bis 30 Minuten Meditation zweimal täglich. Allmählich kannst du die Dauer erhöhen. Die Zeit zwischen 17 Uhr nachmittags bis um 11 Uhr morgens ist gut für Meditation. Nach dem Meditieren solltest du einige Zeit still sitzen. Nur dann wirst du den vollen Nutzen der Meditation erhalten. Suche immer den Rat deines spirituellen Lehrers und befolge seine Anweisungen ganz genau.

9

Vermeide während der Meditation jegliche Art von mentaler Anspannung. Wenn irgendein Körperteil schmerzt, wird der Mind sich damit beschäftigen. Entspanne jeden Teil deines Körpers und beobachte deine Gedanken mit höchster Achtsamkeit. Dann lösen sich die Gedanken von selbst auf.

10

Wenn du einmal Geschmack an der Meditation findest, wird dir das Sitzen nicht mehr schwerfallen. Es wird nach und nach spontan. Bis dahin musst du dich bemühen, da es sonst schwer ist, dem Körper und dem Mind Geduld beizubringen.

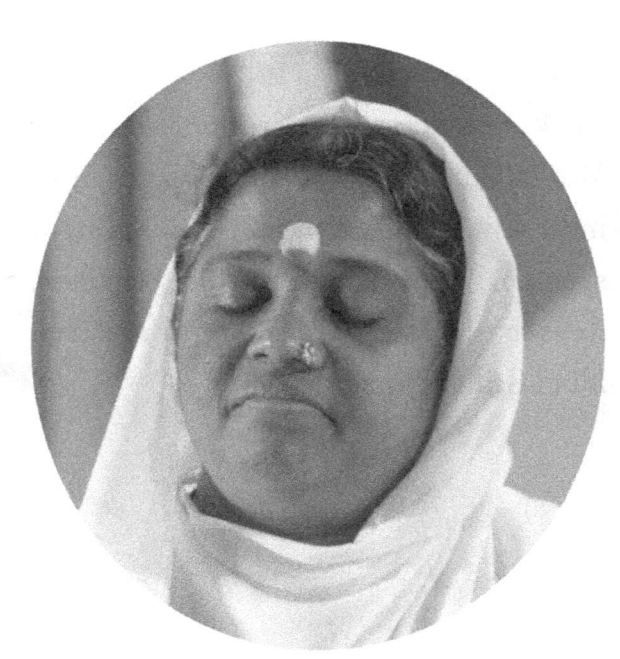

11

Meditieren solltest du nicht direkt nach dem Essen. Nach einer vollen Mahlzeit solltest du mindestens zwei Stunden warten, bevor du dich zur Meditation hinsetzt. Eine Zeitspanne von einer halben Stunde reicht, wenn du nur einen leichten Snack gegessen hast.

12

Kannst du an einem unordentlichen, schmutzigen, hässlichen Ort sitzen und meditieren? Nein, das kannst du nicht. Du brauchst einen sauberen, ordentlichen Ort dafür. Wenn der Platz schmutzig und unordentlich ist, wird das deinen Mind beeinflussen, sodass du nicht in der Lage bist, dich zu konzentrieren.

13

Du musst nicht an Gott glauben, um zu meditieren. Du kannst dir vorstellen, dass du mit dem Unendlichen verschmilzt, so wie ein Fluss mit dem Ozean Eins wird. Diese Methode wird dir sicherlich helfen, die Unruhe zu überwinden.

14

Meine Kinder, Meditation heißt nicht nur, mit geschlossenen Augen dazusitzen. Aus jeder Handlung eine Form der Verehrung zu machen und in der Lage sein, Gottes Gegenwart überall zu erfahren, dies ist auch eine Form der Meditation.

15

In dem Moment völliger Hingabe, wenn dein ganzes Wesen sich im Zustand andauernden Gebetes befindet, ist das, was zurückbleibt, nicht du, sondern Gott. Alles was bleibt, ist Liebe. Gebet kann dieses Wunder bewirken. Deine Tränen können dies vollbringen. Was ist der Zweck der Meditation? Liebe zu werden und diese Einheit zu erfahren. Die beste Meditationstechnik ist es, zu Gott zu beten und sich nach Ihm zu sehen.

16

Meditieren bedeutet nicht nur, mit geschlossenen Augen im Lotussitz zu verweilen. Meditation bedeutet auch, leidenden Menschen selbstlos zu dienen, diejenigen zu trösten, die in Not sind, jemandem anzulächeln und ein paar liebevolle Worte zu sagen.

17

Kinder, versucht beim Meditieren nicht, euren Mind gewaltsam zu beruhigen. Wenn du das tust, werden die Gedanken zehnmal so kraftvoll wie am Anfang aufsteigen. Versuche herauszufinden, woher die Gedanken kommen und kontrolliere sie durch dieses Wissen.

18

Es ist eine weit verbreitete falsche Auffassung, dass die äußeren Umstände die Ursache unserer Probleme sind – wenn wir diese Auffassung ändern, können wir die Probleme ein für allemal loswerden. Wir sollten verstehen, dass sich die Probleme in unserem eigenen Mind befinden. Sind wir uns dessen einmal bewusst, können wir mit dem Prozess beginnen, unsere inneren Schwächen zu entfernen. Meditation ist die Methode, um dies zu erreichen. Nur innere Stille, Ruhe und Entspannung, die wir durch Meditation erreichen, helfen uns dabei.

19

Meditation ist die Technik, die dir erlaubt, die Türen und Fenster der Sinne zu schließen. Dadurch kannst du nach innen schauen und in dein wahres Selbst eintauchen.

20

Meditierst du auf eine göttliche Form, meditierst du auch auf dein eigenes Selbst. Wenn wir alle anderen Gedanken zurückhalten, kann unser Mind sich auf das göttliche Bild konzentrieren. Allmählich werden keine anderen Gedanken mehr da sein, nur Gedanken an Gott.

21

Meditation löst die Angst vor dem Tod auf. Sie macht dich egolos und führt dich zu einem mindfreien Zustand. Ist der Mind einmal überwunden, wird dir bewusst, dass du der unwandelbare, unzerstörbare Atman (das höchste Selbst) bist, die Essenz des Universums.

22

Jede spirituelle Übung, die du ausführst, nützt der ganzen Welt. Die Schwingungen, die durch Japa (Wiederholung eines Mantras), das Rezitieren göttlicher Namen und Meditation entstehen, reinigen die Atmosphäre und auch deinen eigenen Mind. Selbst wenn es dir nicht bewusst ist, verbreitetest du Frieden und Ruhe auf alle in deinem Umfeld.

23

Obwohl dein wahres Selbst immer frei und ewig ist, glaubst du immer noch, dass du gebunden und begrenzt bist. Spirituelle Übungen wie Meditation sind notwendig, um dich von diesem falschen Glauben zu befreien.

24

Durch spirituelle Praktiken wie Meditation gewinnst du an Kraft. Du wirst zu einer Quelle unerschöpflicher Energie und Vitalität. Dadurch bist du in der Lage, in schwierigen Situationen rechtschaffen zu handeln, ohne zusammenzubrechen.

25

Ohne Geduld und Achtsamkeit wirst du Gott nicht erreichen. Wie willst du beim Meditieren Konzentration entwickeln, wenn du schon bei kleinen Dingen auf der grobstofflichen Ebene nicht achtsam sein kannst? Meditation ist äußerst feinstofflich. Achtsamkeit und Geduld im Kleinen führen dich zu großen Errungenschaften.

26

Du kannst entweder Gottes Willen mit der Einstellung „alles bist Du" annehmen. Oder du fragst dich: „Wer bin ich?" mit der festen Überzeugung „alles ist in mir".

27

Wenn Seva (selbstloses Arbeiten) zu verrichten ist, sollten spirituell Suchende sich selbst vergessen und völlig in diese Arbeit eintauchen, als ob sie diese den Lotusfüßen des Herrn darbringen. Wenn es jedoch keine Arbeit gibt, sollten sie ebenso in der Lage sein, stundenlang zu meditieren.

28

Durch die vielen unterschiedlichen Gedanken, die ständig darin aufsteigen, wird dein Mind unrein. Meditation dient dazu, all diese Gedanken auf einen Punkt auszurichten.

29

Kinder, der Mind ist von Natur aus fokussiert und rein, doch wir haben darin Raum für viele unreine, weltliche Gefühle geschaffen. Diese sind nun wie schlechte Mieter. Du hast ihnen einen kleinen Teil deines Grundstücks abgegeben, damit sie darauf eine Hütte bauen. Doch wenn wir sie nun bitten den Ort zu verlassen, weigern sie sich, stattdessen machen sie ein großes Tamtam und fangen Streit mit dir an. Du musst zuerst viel Mühe aufwenden, um sie hinauszuwerfen oder vor Gericht zu bringen. Um diese Mieter des Minds loszuwerden, müssen wir ein Gerichtliches Verfahren am Hofe Gottes einleiten. Es ist ein ständiger Kampf. Du musst lange weiterkämpfen, bis du gewinnst.

30

Dualität existiert nur, wenn wir uns mit dem Körper identifizieren. Sobald wir diese Identifikation überwinden, verschwindet jegliche Dualität. In diesem Zustand des Höchsten Eins-Seins ist es wie bei einem Gefäß, das zerbrochen ist: Der Raum innerhalb des Gefäßes wird eins mit dem gesamten Raum.

31

Zehn Stunden Meditation am Tag sind gleichbedeutend mit fünf Stunden Meditation in der Nacht. Sogar wenn du den ganzen Tag schläfst, wirst du nicht diegleiche Frische und Freude empfinden wie nach ein paar Stunden Nachtschlaf. Dies liegt daran, dass die Atmosphäre nachts ruhig und still ist. Es gibt weniger weltliche Schwingungen und Gedanken, weswegen die Atmosphäre förderlich für Meditation ist. Tagsüber ist die Atmosphäre vollkommen mit den weltlichen Gedanken der Menschen verschmutzt, die materiellen, weltlichen Vergnügungen hinterherlaufen.

32

Nur eine selbstlose Haltung, unterstützt durch Gebet, Meditation und Mantra-Rezitation, kann die verlorene Harmonie des menschlichen Mindes wiederherstellen. Zuerst muss der Mind harmonisiert werden. Dann wird die Harmonie der Natur von selbst entstehen. Wo Konzentration ist, dort ist Harmonie.

33

Durch Meditation wird innere Unruhe überwunden. Meditation hilft uns, den Mind zu reinigen, ähnlich wie ein Filter Unreinheiten aus dem Wasser entfernt. Wenn der Mind in etwas vertieft ist, erleben wir unsere angeborene Freude.

34

Meditation ist sogar für kleine Kinder wohltuend. Ihre Intelligenz wird klar, ihr Gedächtnis verbessert sich und das Lernen fällt ihnen leichter. Sie werden dann körperlich und mental stark und können dem Leben mutig entgegentreten.

35

Konzentration und Liebe sind eins. Sie sind untrennbar, wie die zwei Seiten einer Münze. Du musst Liebe fühlen, wenn du in der Meditation Konzentration erleben möchtest, denn sie sind untrennbar miteinander verbunden.

36

Echte Meditation beendet jedes Leid. Der Mind verursacht alles Leiden und die Vergangenheit gehört zum Mind. Durch Meditation können wir die Vergangenheit loslassen und nur dadurch wird es möglich, uns im Selbst oder in Gott zu verankern.

37

Wir sollten regelmäßig und aufrichtig ohne Unterbrechung meditieren, bis wir einen klar fokussierten Mind erreichen. Sobald die Samen gesät sind, sollten wir sie jeden Tag gießen, bis die Setzlinge wachsen und eine bestimmte Größe erreichen. Es kann eine Weile dauern, bis die Sprossen der Spiritualität sich zeigen. Gieße die Samen mit dem Wasser der spirituellen Praxis regelmäßig und geduldig.

38

Je mehr du meditierst, umso mehr wirst du erleben, dass mehr Vasanas (latente Neigungen und Wünsche) auftauchen. Diese Vasanas kommen nur hoch, um zerstört zu werden.

39

Den Mind gewaltsam zum Meditieren zu zwingen, ist wie das Untertauchen eines hohlen Holzstücks im Wasser. Sobald du deine Hand entfernst, wird es wieder an die Oberfläche schießen. Wir sollten den Mind langsam erobern, indem wir ihm neue Ideen anbieten und gute Gewohnheiten kultivieren, anstatt alte, schlechte Gewohnheiten beizubehalten.

40

Wir sollten unsere Gedanken aus der Entfernung beobachten. Wenn wir ihnen zu nahekommen, werden sie uns mitreißen, ohne dass wir es merken. Beobachten wir sie jedoch aus der Ferne, können wir sehen, wie sich die Gedanken beruhigen und der Frieden zurückkehrt.

41

Bevor du meditierst, sage deinem Mind: „Was auch immer passiert, ich werde erst wieder aufstehen, wenn die Zeit, die ich mir für die Meditation vorgenommen habe, vorbei ist."

42

Auch wenn wir Gott anfangs in einer bestimmten Gottheit sehen und mit einem bestimmten Namen rufen - sobald unsere Hingabe reift und vollkommen erblüht, sehen wir Gott in allen Namen und Formen, auch in uns selbst.

43

Wenn du direkt nach der Meditation sprichst, verlierst du die ganze Energie, die du gewonnen hast. Verschwende deine Energie nicht wie jemand, der all sein hart verdientes Geld für Kleinigkeiten ausgibt.

44

Liebe Kinder, erinnert euch immer im Herzen daran, dass Gott Liebe ist. Indem ihr über die Verkörperung der Liebe meditiert, werdet ihr selbst zu dieser Liebe.

45

Liebe sollte in uns geboren werden. Durch Meditation, Gebet und Gesang können wir diese Liebe nähren und pflegen, sodass ein förderliches Umfeld entsteht, in dem die Liebe wachsen kann

46

Meditation ist die Technik, im gegenwärtigen Moment zu sein. Es ist eine Erfahrung, die nicht mit Worten erklärt werden kann. Meditation geschieht, wenn du über deinen Mind und all deine Gedanken hinausgehst.

47

Wir sollten in der Lage sein, die innere Stille und Gelassenheit, die wir durch Meditation erlangen, in unsere Handlungen einfließen lassen. Meditation hilft uns wirklich, einen tieferen Einblick in alle Aspekte unseres Lebens zu erhalten.

48

Ein Fluss, der durch viele Seitenarme fließt, hat keine starke Strömung. Werden die Seitenarme zusammengeführt und der Fluss zu einem Hauptstrom vereint, wird die Kraft der Strömung stark zunehmen. Ebenso fließt unser Mind momentan nach außen zu hunderten von Sinnesobjekten. Wenn der Mind kontrolliert und auf einen Punkt ausgerichtet ist, entsteht daraus unermessliche Kraft, die wir für wunderbare Dinge nützen können.

49

Meditation hilft uns, alles als ein vergnügliches Spiel zu betrachten, sodass selbst der Moment des Todes eine glückselige Erfahrung wird.

50

Kinder, in unserem gegenwärtigen Zustand sind unsere sogenannten „selbstlosen Handlungen" nicht immer ganz selbstlos. Deshalb sollten wir versuchen, ein perfektes Gleichgewicht zwischen Handlungen und Meditation zu halten. Selbstbeobachtung, Kontemplation, Gebet und Gesang sind in den Anfangsphasen des spirituellen Lebens notwendig. Wächst unsere Selbstlosigkeit, vertieft sich auch unsere Meditation.

51

Fünf Minuten lang nach Gott zu weinen, ist gleichwertig mit einer Stunde Meditation.

52

Während der Meditation können negative Gedanken aufsteigen. Wenn dies geschieht, solltest du zu deinem Mind sprechen: „Oh Mind, hat es irgendeinen Vorteil, solche Gedanken zu hegen? Haben sie irgendeinen Wert?" Du solltest auf diese Weise reflektieren und somit unnötige Gedanken zurückweisen.

53

Man mag noch so viel meditieren oder Mantren wiederholen, ohne Liebe werden die Bemühungen keine Früchte tragen. Wenn deine Liebe für Gott außergewöhnlich stark wird, verschwinden alle negativen Neigungen in dir ganz von selbst. Gegen den Strom zu rudern ist schwierig, aber wenn das Boot ein Segel hat, wird es einfach. Die Liebe zu Gott ist wie ein Segel, das dem Boot hilft, vorwärtszukommen.

54

Um sich an Gott zu erinnern, muss du vergessen. Wirklich auf Gott fokussiert zu sein bedeutet, vollständig und absolut im gegenwärtigen Moment zu sein und die Vergangenheit und die Zukunft zu vergessen. Das allein ist wahres Gebet. Diese Art von Vergessen wird dir helfen, den Mind zu beruhigen und die Glückseligkeit der Meditation zu erleben.

55

In der Meditation wirst du still und ruhst in deinem eigenen, wahren Selbst.

56

Du erkennst jemanden, der meditiert, an seinem Charakter. Der Meditierende ist demütig und hat die Einstellung: „Ich bin nichts." Nur wenn du die Einstellung entwickelst, „ich bin der Diener von allen", ist die göttliche Vision möglich.

57

Lächeln ist eine der höchsten Meditationsformen.

58

Durch die eigene Bemühung mit Meditation und aufrichtigem Gebet kannst du dein Schicksal verändern, transformieren.

59

Nur Handlungen, die mit einer Haltung von Selbstlosigkeit ausgeführt werden, können dir helfen, dich in die Meditation zu vertiefen. Wirkliche Meditation kann nur dann stattfinden, wenn du wirklich selbstlos bist, denn es ist die Selbstlosigkeit, die deine Gedanken vertreibt und dich tief in die Stille führt.

60

Die Kunst der Entspannung in der Meditation bringt die Kraft in dir zum Vorschein. Es ist die Kunst, deinen Mind zur Ruhe zu bringen und all deine Energie auf das zu richten, was du tust. So wirst du dein volles Potenzial entfalten. Sobald du diese Kunst beherrschst, geschieht alles spontan und mühelos.

61

Ob du nun auf den Namen, die Form einer Gottheit oder Amma meditierst, in Wirklichkeit meditierst du auf dein eigenes Selbst - nicht auf ein äußeres Objekt.

62

In dem Maße, wie deine Konzentration zunimmt, nehmen deine Gedanken ab. Je weniger Gedanken du hast, desto subtiler wird dein Mind und Intellekt, was eine tiefere Meditation ermöglicht.

63

Meditation und andere spirituelle Übungen geben uns die Kraft und den Mut, dem Tod entgegenzulächeln.

64

Erinnere dich an Gott, rezitiere den Namen Gottes, meditiere über die Gestalt Gottes und wiederhole dein Mantra. Das ist die beste Medizin, um die Wunden der Vergangenheit zu heilen. Nimm diese Medizin, um die Vergangenheit loszulassen und sei nicht besorgt über die Zukunft.

65

Meditiere mit der Überzeugung, dass deine geliebte Gottheit in deinem Herzen residiert.

66

Meine Kinder, vergesst nie, eure tägliche Routine durchzuführen. Egal wie müde oder krank ihr seid, ihr solltet versuchen, euch hinzusetzen und eine Weile zu meditieren.

67

Anfangs solltest du Liebe für deine tägliche Meditationsroutine entwickeln. Sie sollte zu einem unverzichtbaren Teil deines Lebens werden. Wenn du deine spirituelle Praxis nicht zur festgelegten Zeit durchführen kannst, solltest du sie schmerzlich vermissen und dich danach sehnen sie nachzuholen.

68

Wenn dein Blick subtil wird, erkennst du, dass es eine Lücke zwischen den Gedanken gibt. Diese Lücke ist feiner als ein Haar, aber sie existiert. Wenn du die Gedanken daran hindern kannst, unkontrolliert zu fließen, wie sie es jetzt tun, vergrößert sich diese Lücke. Dies ist nur bei einem meditativen Mind möglich, der sich auf einen einzelnen Gedanken konzentriert. In der Meditation muss der Mind bei einem Gedanken verweilen, nicht bei vielen Gedanken gleichzeitig.

69

Nachdem du deine Meditation beendet hast, stehe nicht sofort auf und beschäftige dich mit anderen Aktivitäten. Entspanne zuerst deine Beine, löse dich aus der Meditationshaltung und lege dich für 5-7 Minuten in Shavasana (Totenstellung). Entspanne sowohl den Körper als auch den Mind. Gib dir ausreichend Zeit dafür, dass die vitale Energie (Prana) wieder in seinen normalen Zustand zurückfließen kann. Während dieser Zeit werden die positiven Effekte der Meditation vom Körper vollständig aufgenommen werden.

70

Gruppenmeditation hat eine sehr positive Wirkung. Die Atmosphäre ist von den konzentrierten Schwingungen aller Teilnehmer durchdrungen, was wiederum die Meditation erleichtert. Da die Gedankenwellen aller in diesem Moment ähnlich sind, kann eine gute Konzentration erreicht werden.

71

Der Mind besteht nur aus Gedanken. Intensive Gedanken werden zu Handlungen. Wiederholte Handlungen werden zu Gewohnheiten. Gewohnheiten formen unseren Charakter. Um den Mind in der Meditation zu beruhigen, müssen wir zuerst die Qualität unserer Gedanken verändern.

72

Wenn man ein Medikament einnimmt, muss man sich an die vorgeschriebene Dosis halten. Tut man dies nicht, kann es ziemlich gefährlich werden. Wenn du die ganze Flasche auf einmal trinkst, wird es dir nur schaden. Ähnlich ist es bei spirituellen Praktiken wie Meditation: Voll begeistert denkst du, „jetzt werde ich stundenlang meditieren." Wenn du nicht bereit bist, kann dies zu vielen Problemen führen. Dein Kopf kann sich überhitzen; du kannst vielleicht nicht richtig schlafen; deine Verdauung kann beeinträchtigt sein, etc. Gehe die Meditation langsam und stetig an.

73

Das Umherwandern liegt in der Natur des Minds. Er kann nicht still sein. Wenn du versuchst, den Mind zu beruhigen, indem du dich auf ein Meditationsobjekt konzentrierst, merkst du, dass er noch mehr umherwandert. Anfänger können sich von den vielen Gedanken erschrecken oder entmutigen lassen. Ständige Übung, verbunden mit Entschlossenheit, ist der einzige Weg, den Mind zu bezwingen. Lass dich nicht abschrecken oder entmutigen. Setze deine spirituelle Praxis entschlossen fort.

74

Kinder, während der Meditation können negative Gedanken im Mind aufsteigen. Sorgt euch deshalb nicht. Schenke diesen Gedanken keine Beachtung. Wenn der Negativität zu viel Bedeutung beigemessen wird, schwächt das den Mind. Der Mind ist nur eine Ansammlung von Gedanken. Denkt, dass die schlechten Gedanken nur deswegen auftauchen, weil es Zeit ist, dass sie verschwinden. Achtet darauf, euch nicht mit ihnen zu identifizieren. Ignoriert negative Gedanken einfach und setzt eure Meditation fort.

75

In den Anfangsphasen der Meditationspraxis wird das verborgene Tamas (Trägheit) an die Oberfläche kommen, man fühlt sich dann schläfrig. Dies sollte durch regelmäßige, systematische Übung und Kontrolle der Ernährung überwunden werden. Wenn ihr euch schläfrig fühlt, steht sofort von eurem Meditationsplatz auf und rezitiert euer Mantra im Gehen. Verwendet eine Mala (Rosenkranz) beim Rezitieren und haltet diese mit Achtsamkeit in der Nähe des Herzens. Wenn ihr wachsam seid, werden die tamasischen Eigenschaften mit der Zeit verschwinden. Lasst Rajas (Aktivität) die tamasischen Eigenschaften vertreiben.

76

Wenn Gedanken während der Meditation durch deinen Mind ziehen, beobachte sie, aber indentifizeire dich nicht mit ihnen. Halte dich nicht an ihnen fest. Wenn Gedanken während der Meditation durch deinen Mind wandern, versuche die Fähigkeit zu entwickeln, als Zeuge zurückzutreten. Dadurch entwickelst du mentale Stärke.

77

Mache deine Meditation und spirituellen Übungen so gut wie es dir möglich ist, denke dabei nicht an das Ergebnis. Wenn du über das Ergebnis nachdenkst, kannst du die Praxis nicht mit ganzer Aufmerksamkeit ausführen. Ein spiritueller Suchender sollte sich nicht darum kümmern, ob er spirituelle Erfahrungen erhält. Strebt direkt auf das Ziel zu!

78

Echtes Gebet ist Meditation. Es ist das Eins-Sein mit Gott, das in der leisen Stille unseres Herzens stattfindet.

79

An einem gewissen Punkt wird der spirituell Suchende eins mit der geliebten Gottheit. Durch die intensive Liebe, die durch das ständige Erinnern an die geliebte Gottheit und den Verzicht auf alle anderen Gedanken hervorgerufen wird, werden wir eins mit dem Göttlichen. Unsere geliebte Gottheit wird uns dann zum letzten Stadium der nicht-dualen Erfahrung führen, wo nur noch reines Bewusstsein, Freude und Glückseligkeit bestehen.

80

Nur eine Person, die voll im Moment lebt, kann völlig frei von Angst sein. Diese Person allein wird in der Lage sein, den Tod friedvoll anzunehmen. Ein solches Leben völlig im Moment ist nur durch Meditation und andere spirituelle Übungen möglich.

81

Alle spirituellen Übungen führen wir aus, um im eigenen Selbst, durch das Selbst und für das Selbst zufrieden zu sein. Wir sollten unabhängig werden, nur von unserem eigenen Selbst abhängig sein, der wahren Quelle aller Freuden.

82

Um sich vollkommen entspannt zu fühlen und schließlich den Zustand des vollkommenen Eins-Seins zu erreichen, darf sich Vergangenheit und Zukunft nicht im Jetzt einmischen. Nur dieser jetzige Moment existiert und sollte erfahren werden.

83

Meditation hilft uns, Kontrolle über unseren Mind und unseren Körper zu erlangen. Sie lernt uns Geduld zu haben. Die Fernbedienung des Minds sollte in unseren Händen liegen. Derzeit ist das nicht der Fall. Wir sind unter der Kontrolle unserer Sinne.

84

Authentische Meditation kann nur in der Gegenwart eines Satgurus (wahrer Guru) erlebt werden. Ein solcher Guru ist ständig in einem Zustand der Meditation, selbst wenn du ihn oder sie vielleicht körperlich aktiv erlebst. Des Gurus Gegenwart ist das Förderlichste, um dein wahres Selbst zu entfalten. In der Gegenwart des Gurus kannst du jenes innere Allein-Sein erreichen und damit all deine Ängste und Gefühle der Andersartigkeit loslassen.

85

Wenn durch Meditation das kleine Ego verschwindet, werden wir grenzenlos und unpersönlich und können den Ozean der Glückseligkeit erfahren. Die Überreste dessen, was wie das Ego erscheint, werden noch da sein, aber sie sind nicht real.

86

Wenn wir für uns sind oder meditieren, mögen wir das Gefühl haben, dass es in uns keine Negativität gibt. Doch wenn wir uns in schwierigen Situationen befinden, kommen all die Negativitäten hoch und sind schwer zu kontrollieren. Vor Problemen wegzulaufen, wird uns niemals helfen. Wo auch immer du bist, nutze diese Situation, um die Kontrolle über deinen Mind zu erlangen. Das ist wirklich das Ziel der spirituellen Praktiken.

87

Gott wird der Diener der Person, die durch Meditation den Mind auf einen Punkt (Gott) fokussieren kann. Kinder, Amma garantiert das. Versucht es einfach und seht, was passiert!

88

Diejenigen, die zu Gott beten und ernsthaft auf ihn meditieren, werden keinen Mangel an lebensnotwendigen Dingen erfahren.

89

Bemühungen sind menschlich, während Gnade göttlich ist. Bemühung ist begrenzt; Gnade ist unbegrenzt. Deine begrenzten, menschlichen Bemühungen können dich nur bis zu einem bestimmten Punkt bringen. Von dort aus wird dich die Gnade des Gurus zum Ziel führen. Mache deine spirituelle Praxis aufrichtig, mit Hingabe und Liebe und warte dann geduldig auf die Gnade.

90

Weil du die Wolken am Himmel nicht geschaffen hast, werden sie auch nicht verschwinden, wenn du sie beobachtest. Die Wolken des inneren Himmels lösen sich jedoch auf, wenn du sie einfach nur beobachtest.

91

Beides, Bewegung und Stille, sind zwei Aspekte derselben Wahrheit. Sie sind eins. Um den Zustand der Stille zu erreichen, muss man sich an etwas festhalten.

92

Früher saß Amma keinen Augenblick lang untätig herum. Sie meditierte immer. Wenn jemand kam, um mit ihr zu sprechen, sah sie diese Person als eine Form von Devi. Sie konnten sprechen, so lange sie wollten. Wenn ein Moment verloren ging, fühlte Amma großen Kummer und dachte: „Oh Gott, so viel Zeit wurde verschwendet!" Dann machte sie doppelt so viele spirituelle Übungen. Ihr werdet auch die Früchte ernten, wenn ihr es mit solcher Dringlichkeit versucht.

93

Der einzige Zweck der Meditation ist, nichts zu werden – die Haltung, selber der Handelnde zu sein, loszulassen. Selbst das Gefühl „ich meditiere" ist falsch. In wirklicher Meditation gibt es kein „ich". Wenn die Haltung von „ich" und „mein" verschwindet, dienen wir anderen und fallen keinem mehr zur Last. Eine gewöhnliche Person kann mit einem kleinen, stehenden Teich verglichen werden, während selbstverwirklichte Seelen wie ein Fluss oder ein Baum sind, die Trost und Frische allen, die zu ihnen kommen, spenden.

94

Wenn du nicht meditieren kannst, versuche, dein Mantra zu wiederholen. Wenn auch das schwierig ist, dann singe die göttlichen Namen. Auf welche Art auch immer, du musst dich sehr darum bemühen, dich ständig auf das Höchste auszurichten, das Göttliche zu erinnern. Lasst den Mind nicht bei unnötigen Dingen verweilen.

95

Demut entsteht, wenn man in der Meditation fortschreitet. Demut bedeutet, Gott in allem zu sehen oder das eigene Selbst überall wahrzunehmen. Demut bedeutet Selbsthingabe – unseren Willen dem Willen Gottes zu überlassen. In diesem Zustand gibt es keine Reaktionen mehr, sondern nur noch Akzeptanz. Dann fühlen wir Liebe für alle Wesen und können alles als Gott sehen.

96

Es ist gut, bei gedämpftem Licht zu meditieren. Äußeres Licht kann eine Störung sein, wenn wir versuchen, unser Inneres zu erleuchten.

97

Spirituelle Übungen wie Meditation, Mantrawiederholung und Bhajans singen sind unterschiedliche Methoden, um den Mind zu entspannen, damit du immer offen sein kannst wie eine frisch erblühte Blume.

98

Um deinen Mind zu beruhigen und still werden zu lassen, musst du dich an etwas Höherem als den Mind binden. Der Mind ist der lauteste Ort der Welt. Wenn es keine göttliche Form gibt, auf die er sich konzentrieren oder auf die er meditieren kann, wird der Mind nicht still. Das Objekt der Meditation oder Kontemplation sollte jedoch nichts Vertrautes sein, denn dann wird der Mind schnell gelangweilt.

99

Wenn du das Objekt deiner Meditation in dich aufnimmst, wirst du eins mit ihm. Bei dieser Art von Teilnahme bist du völlig abwesend. Es ist, als ob der Spieler abwesend wäre – nur das Spiel existiert. Der Sänger ist abwesend – nur das Lied existiert.

100

Derjenige, der wirklich liebt, befindet sich ständig in einem meditativen Zustand. In der Gegenwart solcher Liebe hören die Gedanken auf zu existieren. Alles, was der wahre Liebende tut, ist meditieren. All seine Gedanken drehen sich um die Geliebte, sodass nicht viele Gedankenwellen in seinem Mind entstehen. Nur ein Gedanke ist vorherrschend, das ist der Gedanke an die Geliebte.

101

Wenn es nur einen Gedanken gibt, gibt es keinen Mind. Der ständige, ausgerichtete Fokus des Liebenden auf die Geliebte berührt die innersten Tiefen des Herzens, die Tiefen wo Worte und Sprache nicht heranreichen. Der Verehrer gerät in einen ständigen Zustand der Meditation. An diesem Punkt werden die beiden eins.

102

In wirklicher Liebe herrscht Meditation vor. Du wirst still und ruhst in deinem wahren Selbst. Ruht man im wahren Selbst, verklingt selbst die Sprache – die Worte.

103

Überanstrenge dich nicht, um im Lotussitz zu sitzen oder deinen Atem anzuhalten, um auf die Form der Gottheit zu meditieren. Meditation ist das ständige und liebevolle Gedenken an Gott. Betrachte die Gottheit als deinen liebsten Menschen, als Mutter oder Vater oder betrachte dich einfach als ihr Kind. Besinne dich auf deine geliebte Gottheit, wann immer du kannst gleichgültig, wo du bist oder was du gerade tust. Bemühe dich, die Gottheit in deinem Herzen zu fühlen. Strebe danach, ihre göttliche Gegenwart, Gnade, Mitgefühl und Liebe zu spüren.

104

Bete, bis dein Herz schmilzt und als Tränen herabfließen. Es wird gesagt, dass das Wasser des Ganges jeden reinigt, der darin badet. Die Tränen, die die Augen füllen, während man sich an Gott erinnert, haben eine enorme Kraft, den Mind zu reinigen. Diese Tränen sind mächtiger als Meditation. Solche Tränen sind der wahre Ganges.

105

Die beste Art, Konzentration zu erreichen ist es, nach Gott zu weinen und das ist in der Tat Meditation. Das ist es, was bedeutende Verehrerinnen des Göttlichen wie die Gopis und Mirabai taten. Schau, wie selbstlos Mirabai betete: „Herr, es spielt keine Rolle, ob Du mich nicht liebst. Aber, oh Herr, bitte nimm mir nicht das Recht, Dich zu lieben." Sie beteten und weinten so lange, bis ihr ganzes Wesen in einen Zustand ständigen Gebetes verwandelt wurde. Sie hörten nicht auf, den Herrn zu verehren, bis sie vollständig von den Flammen göttlicher Liebe verzehrt wurden. Sie selbst wurden zur Opfergabe.

106

Meditiere, bete und rezitiere dein Mantra, um deinen Ärger und dessen Ursache zu beseitigen. Für einen spirituellen Aspiranten ist es das Lebensziel, Zorn und andere negative Tendenzen zu entfernen. Diesem widmen sie ihr ganzes Leben.

107

Das Nähren von weltlichen Gedanken und Wünschen ist schädlich. Es gibt Nahrung, die weitaus schmackhafter und gesünder ist: unsere spirituellen Praktiken. Wenn du einmal diese Erfahrung gemacht hast, beginne damit, den Mind regelmäßig mit Meditation, Rezitation der göttlichen Namen, Japa und anderen spirituellen Übungen zu nähren. Langsam wird der Hunger nach mehr und mehr von dieser spirituellen Nahrung wachsen.

108

Wenn dir das Wohlergehen der Welt am Herzen liegt, solltest du aufrichtig meditieren und spirituelle Praktiken ausüben. Meine Kinder, werdet wie ein Leuchtturm, der die Schiffe leitet, die im Dunkeln segeln. Lasst Gottes Licht in der Welt erstrahlen!

www.ingramcontent.com/pod-product-compliance
Lightning Source LLC
Chambersburg PA
CBHW060200050426
42446CB00013B/2912